ANIME XXX

6

BD
érogène

ISBN 2-7474-0076-X
Dépôt légal Mai 2003

Traduction : Pépino
Adaptation graphique : Nanos

Find Fantasy 8

UTSURA FÛGA 1999

TU EMBRASSES VRAIMENT TRÈS BIEN.
JE ME DEMANDE QUI TU AS EMBRASSÉ AVANT MOI... JE SAIS, C'EST ÉGOÏSTE.
NE T'INQUIÈTE PAS POUR ÇA.
C'EST JUSTE QUE JE T'AIME ÉNORMÉMENT. JE NE VOUDRAIS PAS QUE TU ME PRENNES POUR UNE SALOPE.
WOW, ON DIRAIT SQUALL ET LINOA. EST-CE UN FILM OU LA RÉALITÉ ?
ON DIRAIT VRAIMENT UN FILM EN TOUT CAS.
TU SAIS QUE CE N'EST PAS MA PREMIÈRE FOIS.

SLRCH
TU SAIS COMMENT T'Y PRENDRE AVEC UNE FEMME !
SCHLP
AH !
C'EST TROP BON !
NON !

C'EST DU FAUX, C'EST POUR UN FILM. MAIS ILS SONT VRAIMENT SEXY.
JE PARIE QU'ELLE A BON GOÛT.
SLRP
CELA FAIT SI LONGTEMPS QUE TA BITE ME FAIT ENVIE.
TU VEUX QUE JE LA SUCE, N'EST-CE PAS ?
TU PEUX ME PRENDRE, SI TU PRÉFÈRES.

VAS-Y, ENFILE-LA !
SLRCH
MMM...
SLRCH
OH !
JE NE SAIS PAS OÙ LA METTRE.
PAR ICI... METS-LA LÀ-DEDANS.

AH !
SLRCH
OH, PUTAIN ! OUI ! PÉNÈTRE-MOI !
SLAP
SLAP
JE NE PENSE À RIEN D'AUTRE QU'À TON SEXE BIEN JUTEUX !
EST-CE AUSSI BON POUR TOI QUE POUR MOI, SQUALL ?

OH, PUTAIN ! JE SUIS DÉJÀ PRÊTE À VENIR !
AH !
OH !
EST-CE QUE TU ES PRÊT ? JE VEUX QU'ON JOUISSE ENSEMBLE.
SLP
ÇA Y EST !!!
AH !
NOUS DEVONS JOUIR EN MÊME TEMPS !
UH !
UH !

AH...
AH !...
TU ES SI SEXY...
QUEL BEAU PARLEUR !
JE PARIE QUE TU DIS ÇA À TOUTES LES FILLES !
LA QUALITÉ DE L'IMAGE EST IMPRESSIONNANTE. J'AI VRAIMENT EU DE LA CHANCE SUR CE COUP-LÀ.
HÉ, REGARDONS L'AUTRE VIDÉO !

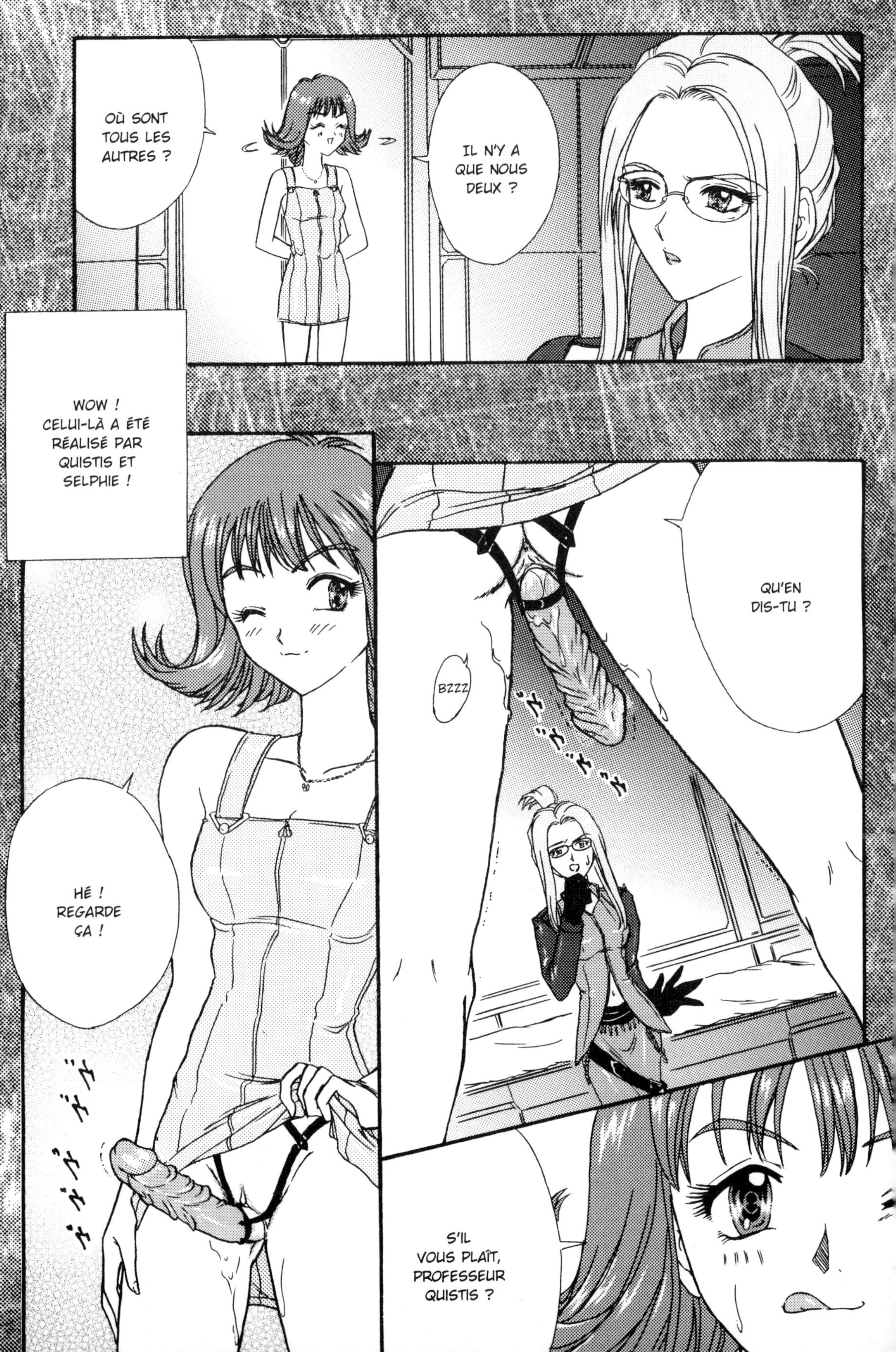

OÙ SONT TOUS LES AUTRES ?
IL N'Y A QUE NOUS DEUX ?
WOW ! CELUI-LÀ A ÉTÉ RÉALISÉ PAR QUISTIS ET SELPHIE !
HÉ ! REGARDE ÇA !
QU'EN DIS-TU ?
BZZZ
S'IL VOUS PLAÎT, PROFESSEUR QUISTIS ?

ILS SONT SI... SI...
... SI MOELLEUX ! WOW !
DÉCIDÉMENT, JE SUIS BIEN TOMBÉ AVEC CES FILMS !
EST-CE QUE JE VOUS EXCITE ?
AAH !
ALLEZ, DÉTENDEZ-VOUS. JE PARIE QUE VOUS ALLEZ ADORER.
EN FAIT, CE PÉNIS EST BIEN PLUS GROS QUE CELUI DE MON MARI.
JE VEUX ESSAYER RIEN QU'UNE FOIS.

SLRCH
EH BEN, VOUS ÊTES DRÔLEMENT HUMIDE.
METS DE LA SALIVE DESSUS POUR QUE ÇA GLISSE BIEN.
DE LA SALIVE POUR QUE ÇA GLISSE ?!
WHAM !
AAAAH !

AH !
OH !
NE BOUGEZ SURTOUT PLUS, MAINTENANT !
OH, MON DIEU ! NE VA PAS TROP PROFOND !
VOUS SAVEZ QUE VOUS AVEZ VRAIMENT UNE VOIX TRÈS SEXY ?

NE T'ARRÊTE PAS ! TU ES VRAIMENT TROP BONNE, QUISTIS !
OH !
PLAF !
OH !
AH !
OH !
C'EST PAS JUSTE, IL EST ATTACHÉ À TOI !
C'EST TOI QUI AS LE CONTRÔLE DES OPÉRATIONS !

SLRP
SLRP
JE VAIS JOUIR !
OH, LA VACHE !
NE REMUEZ PAS COMME ÇA !
JE JOUIS.
FIN

Knock Out Feast

1999 U.Fûga

OUVRE GRAND. LAISSE-MOI VOIR L'INTÉRIEUR.
J'ADORE ÇA ÊTRE AUSSI.
TU ES SI SEXY QUAND TU JOUIS, YURI.
VAS-Y PLUS FORT ! ALLEZ ! PLUS VITE AUSSI !

MME KING EST EXPERTE DE SES DOIGTS. J'ESPÈRE QUE TU SAIS TE CONTRÔLER.
OH ! QU'EST-CE QUE TU VAS FAIRE ?
ÇA MOUILLE, ÇA MOUILLE !

TU SERRES TELLEMENT TA CHATTE QUAND JE METS MES DOIGTS DEDANS QUE JE N'ARRIVE PLUS À LES RESSORTIR !
MA CHATTE N'EST PAS HABITUÉE À SE FAIRE DOIGTER. C'EST JUSTE UNE RÉACTION NATURELLE.
JE PEUX TE FAIRE MOUILLER ENCORE PLUS, SI TU VEUX !
HÉ, YURI ! QUE DIRAIS-TU DE ME PRENDRE LE CUL ?

HÉ, NE ME LAISSEZ PAS DE CÔTÉ ! JE VEUX PARTICIPER AUSSI.
COMMENT POUVONS-NOUS TE RENDRE HEUREUSE ?
JE VAIS ALLER CHERCHER MON NOUVEAU GODE. ON VA POUVOIR S'ÉCLATER !
WAHOU !!!
ATTENDS UN PEU. TOUS TES RÊVES VONT SE RÉALISER !

WOW ! C'EST UN VRAI PÉNIS !
ET IL EST RAIDE EN PLUS !
SUÇONS-LA TOUTES ENSEMBLE !

REGARDE ! ELLE EST PARFAITE POUR UNE BRANLETTE ESPAGNOLE !
JE CROIS BIEN QU'ELLE AIME MES SEINS... REGARDE COMME ELLE TREMBLE !
WOW !
ÇA C'EST DE L'ÉJACULATION FACIALE !

EH BEN ! IL ÉTAIT BIEN POURVU EN SPERME, CELUI-LÀ !
ET MAINTENANT C'EST TOI QUI EN EST BIEN POURVUE ! AH, AH, AH !
MMM...
REGARDE-LA PRENDRE TOUTE CETTE QUEUE !
OH, NON ! JE N'AI RIEN EU À BOIRE !

YAHOU !
EN CHASSE !
TROUVONS-EN UNE AUTRE !!!
ON EN A RAMENÉ UN POUR CHACUNE. SI ON LES PARTAGE, ON VA VRAIMENT S'ÉCLATER.
C'ÉTAIT DU RAPIDE !
J'ESPÈRE QUE LA MIENNE VA VITE SE REMETTRE, CAR ELLE ÉTAIT DÉLICIEUSE.
J'AI ENVIE DE SUCER L'UNE DE CES BELLES QUEUES...
... ELLES SONT CERTAINEMENT PLEINES DE LAIT !

HÉ ! TU POURRAIS PARTAGER !
OUAIS ! LA REVOILÀ BIEN RAIDE !
TU AS L'AIR DE VRAIMENT L'APPRÉCIER. ÇA M'EXCITE CARRÉMENT !
AH !
UH !
OH, OUI ! JE VEUX LA PLUS GROSSE !

VAS-Y ! BALANCE TOUT DANS MA CHATTE !
JE VEUX TOUT !!
OH, LA VACHE ! QUEL ORGASME !
WOW ! ELLE EST ENTRÉE JUSQU'À MON ESTOMAC !
HA HA HA HA HA HA HA HA HA HA HA HA HA HA HA HA HA HA HA HA

AH ! AH !
JE N'EN PEUX PLUS ! NOUS SOMMES COUVERTES DE SPERME !!!
JE NE TIENDRAI MÊME PLUS DEBOUT.
HÉ ! MAIS ?...
TROIS PÉNIS VALENT MIEUX QU'UN !
JE N'AVAIS JAMAIS JOUI AUTANT !

AU FAIT, QUI SONT CES TYPES ?
RETIREZ LEURS CAGOULES !
OUAIS ! JE VEUX SAVOIR À QUI APPARTIENNENT CES GROSSES PINES.
…
MAI !
TU ES ALLÉE TROP LOIN CETTE FOIS, YURI !
AAAAARGH !
JE ME VENGERAI !
C'EST TOI QUI SERA ATTACHÉES …
… LA PROCHAINE FOIS !
TA GUEU-LE !
ÇA TE REGARDE PAS !
QUE FAIS-TU ?
…
FIN

BON, HOTARU...
... ON TE FAIT CONFIANCE POUR GARDER L'APPARTE-MENT.
NOUS RENTRERONS ...
... POUR LE DÎNER.
ET SI TU ES GENTILLE ...
... ON TE RAMÈNERA UN CADEAU.

MISS MIZUNA DOIT PASSER AUJOURD'HUI.
TU FERAS BIEN TOUT CE QU'ELLE TE DIRA.
NE VOUS INQUIÉTEZ PAS POUR MOI.
JE M'EN SORTIRAI ...
... TRÈS BIEN TOUTE SEULE.

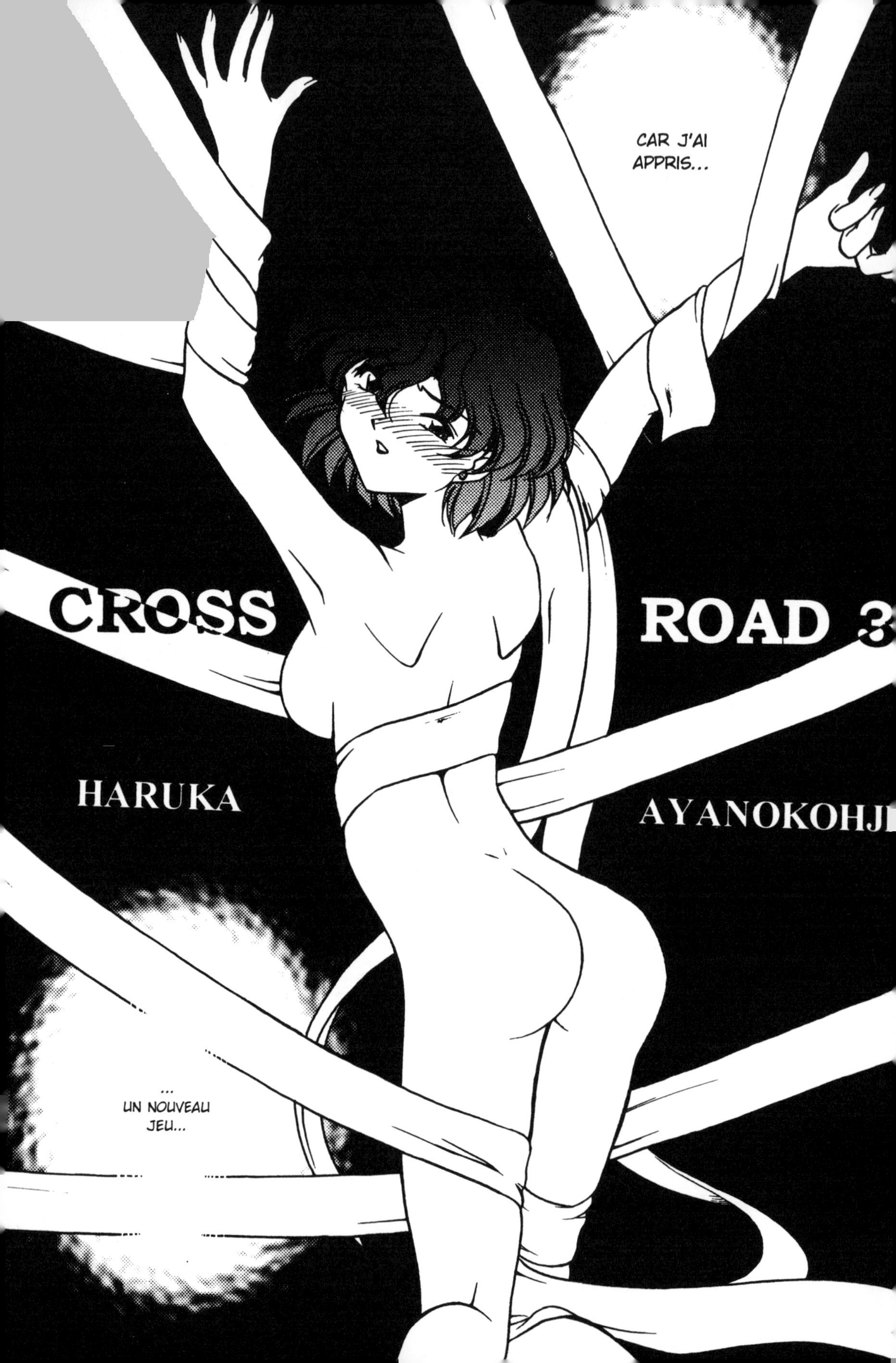
CAR J'AI APPRIS...
CROSS ROAD 3
HARUKA AYANOKOHJI
...
UN NOUVEAU JEU...

CRIK
LA CHAMBRE DE MAMAN ET PAPA.
OH !
C'EST ICI...
... QU'ELLES FONT...
CROUIK

... TOUTES SORTES DE...
SCHLIP
... CHOSES !
SCHLP
SCHLP
SCHLP

...
OH !
!
UH !
AH !
MON DOIGTÉ
EST SI BON ...
UF !

... MA CHATTE
A DES CONVULSIO
...
OH, MON DIEU...
AH !
UH !
UH !
UH !
OH !
AAAAH !...
UH !
MIAM, MIAM !
JE COMMENCE
À BIEN MOUILLER.

OUÏE !
C'EST ...
SI...
SI ...
SI...
OOH !
UH !

J'ADORE ...
UH !
MÊME L'ODEUR
EST AGRÈAB !
OH !
MES DOIGTS SONT
TRÈS AGILES, AUJOURD'HUI ...
ELLES N'AVAIT PAS ENCORE RÉALIS QUE SON CORP ÉTAIT AUSSI SENSIBLE.
OUF...
AH !

... FEU !!!
MA...
... CHATTE EST EN...
SCHLIP
OH, MON DIEU !...
SLRCH
JE N'ARRIVE MÊME PLUS À PENSER !

OH ! OH !
JE JOUIS !!! AAAAH !
OH ! OH !
OH ! OH !

... TROUVÉ LE POINT G.
OH... OH...
OH... OUI !
! !
OUAIS !

PFIOU
JE SUIS IMPATIENTE DE RENCONTRER MISS MIZUNO
BIEN...
... ÇA ME SEMBLE INTÉRES-SANT.

IL FAIT SI CHAUD AUJOUR-D'HUI.
JE FERAIS MIEUX DE ME DÉPÊCHER, IL Y A L'AIR CONDITIONNÉ CHEZ HOTARU.
OUI ?
ENTREZ.
MERCI.
COMMENT SAVAIS-TU QUE J'ÉTAIS À LA PORTE ?

HA, HA, HA !
?
JE N'EN POUVAIS PLUS D'ATTENDRE...
... POUR PRENDRE MON PIED AVEC MISS MIZUNO !
HEY !
TU NE DOIS PAS TE MOQUER DE TES AÎNÉS !
HI, HI, HI !

QUOI ?
HOTARU ?
OUI ?
ON DIRAIT QUE
QUELQUE CHOSE NE VA PAS.
TU ES ROUGE ...
COMME UNE PIVOINE. TU AS DE LA FIÈVRE ?
NE VA PAS DU TOUT.

NON.
PLAF !
OH, NON !
LES CONVULSIONS RECOMMENCEN !
QUOI ?
HOTARU ? QU'EST-CE QU'IL Y A ?
SNIFF
SNIFF
SNIFF
?
WOW ...
SNIFF
SNIFF

DEPUIS CETTE JOURNÉE QUE NOUS AVONS PASSÉE ENSEMBLE, JE N'ARRIVE PLUS À ME CONTRÔLER DÈS QUE JE PENSE À VOUS.
OH, HOTARU !...
LORSQUE JE T'ENTENDS PARLER COMME ÇA, ÇA NE FAIT QUE RENDRE LA SITUATION PLUS DIFFICILE.

?!
JE SUIS DÉSOLÉE ! JE NE ME CONTRÔLE PLUS !
QU'EST-CE QUE ?...
IL FAUT QUE ÇA S'ARRÊTE !
AIDEZ-MOI !
HOTARU !!!
MES SOUVENIRS DE CETTE JOURNÉE SONT TROP FORTS.
OH !
AH !
AH...
JE NE MAÎTRISE PLUS RIEN.
JE SUIS DÉSOLÉE...
C'EST TERRIBLE...

NE ME TENTEZ PAS...
SI VOUS COMMENCEZ...
... ON NE POURRA
PLUS STOPPER !
QU'EST-CE QUE C'EST ?
ZIIIP
BZZ
BZZ
BZZ
HOTARU, VOYONS ! COMMENT AS-TU PU UTILISER CE GENRE D'OBJET ?
J'AVAIS OUBLIÉ QU'IL ÉTAIT TOUJOURS LÀ !
BZZ
BZZ
BZZ
BZZ

MISS MIZUNO ?
NE T'INQUIÈTE PAS. JE NE DIRAI RIEN À TES PARENTS.
OH !
TÂTEZ ...
J'AI TELLE-MENT
ENVIE DE TOI.
WOW !
AH !
AH !
TES TÉTONS SONT DURS
COMME LA PIERRE, JEUNE FILLE.
J'AI L'IMPRESSION QUE VOUS ÊTES EN TRAIN DE JOUER AVEC MOI.

OUI, HOTARU ? QUE VEUX-TU ?
HAN
HAN
HAN
AUJOURD-D'HUI...
... JE VEUX LE FAIRE POUR VOUS.
OH, OUI !
ÇA A L'AIR GÉNIAL !
AH !

S'IL VOUS PLAÎT ...
... FERMEZ LES YEUX ET NE LES ROUVREZ QUE QUAND JE VOUS LE DIRAI.
OK.
VREEE !!!
QUOI ?
MAIS QU'EST-CE QUE TU FAIS, HOTARU ?
NE BOUGEZ PAS !!!

MISS MIZUNO...
SAVEZ-VOUS CE QUE J'AI FAIT... PENDANT QUE VOUS NE REGARDIEZ PAS ?
NON, QUOI ?
VOUS AIMEZ QUAND JE VOUS LÈCHE ?
AH !
ÇA S'APPELLE "MATSUBA KUZUSHI". ÇA VOUS PLAÎT ?
PAS VRAIMENT.
NE BOUGE PLUS, D'ACCORD ?
NON ! NE FAIS PAS ÇA !
JE NE PEUX PAS M'ARRÊTER, JE SUIS DÉSOLÉE. C'EST RÉELLEMENT IMPOSSIBLE.

OH !
MON DIEU !!!
VREEE
BUZZ
BUZZ
BUZZ BUZZ BUZZ BUZZ BUZZ BUZZ BUZZ BUZZ BUZZ BUZZ BUZZ
C'EST ÉTRANGE...
UH ! UH !
ELLE BOUGE VRAIMENT BIEN, À CROIRE QUE C'EST UNE PRO.

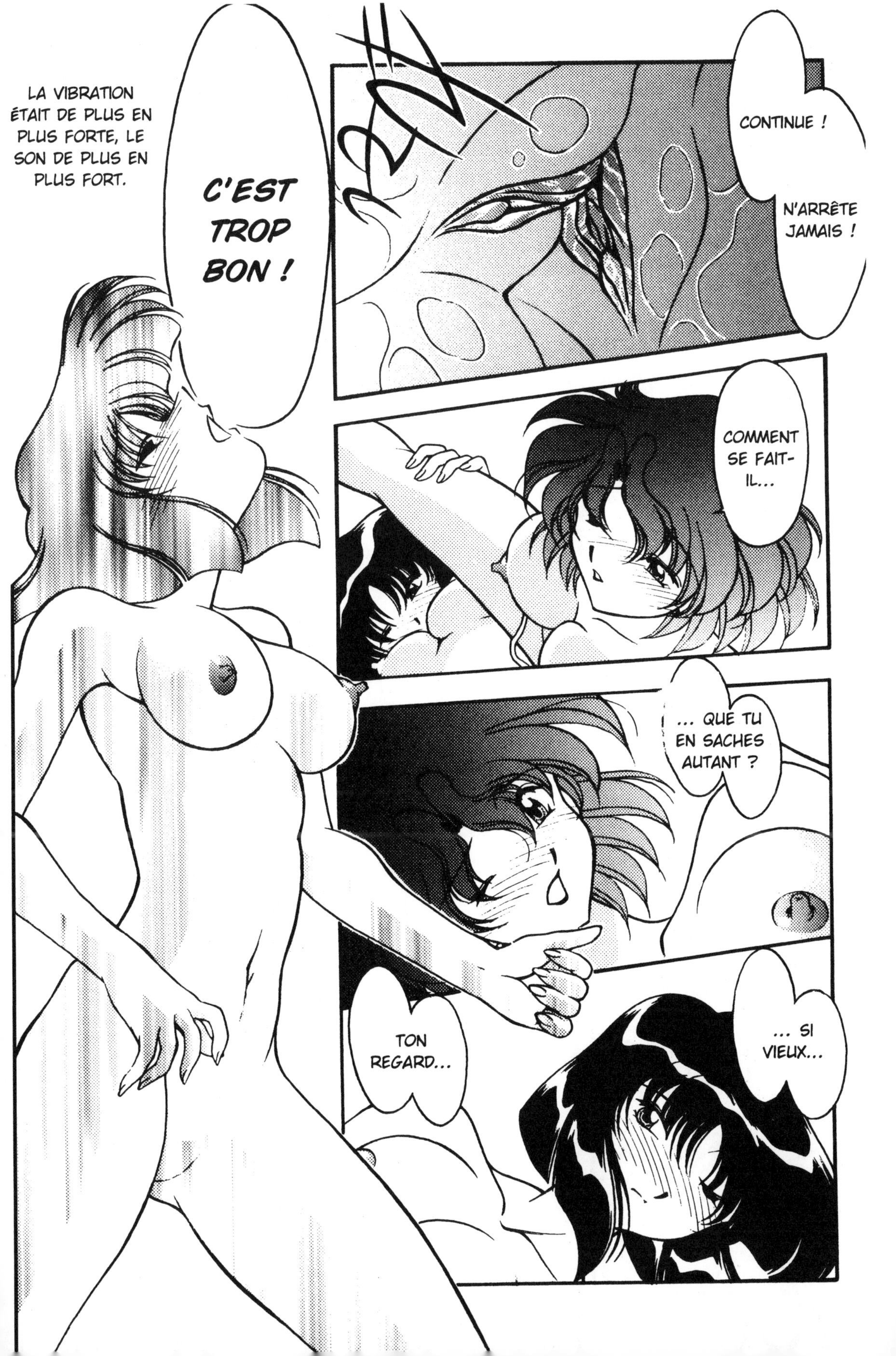
LA VIBRATION ÉTAIT DE PLUS EN PLUS FORTE, LE SON DE PLUS EN PLUS FORT.
C'EST TROP BON !
CONTINUE !
N'ARRÊTE JAMAIS !
COMMENT SE FAIT-IL...
... QUE TU EN SACHES AUTANT ?
TON REGARD...
... SI VIEUX...

JE NE SUIS PAS AUSSI JEUNE...
... QUE J'EN AI L'AIR !
ARRÊTE-LE ! JE N'EN PEUX PLUS !
TU VAS M'ACHEVER !!
BZZ
BZZ
BZZ
BZZ
ET SI CE N'EST PAS TOI...
CE SERONT MES PARENTS.

OH !
OUI !
C'EST BIEN LA MEILLEURE...
... BAISE...
... DE MA VIE !
MOI AUSSI.
IL NE FAUT VRAIMENT PAS
T'INQUIÉTER POUR ÇA !
BUZZZ
J'AIMERAIS QU'ON PUISSE
SE VOIR TOUS LES JOURS.
BUZZZ

JE JOUIS !
MON DIEU !
MOI AUSSI !!!
ARRÊTE-LE ! ARRÊTE-LE !

UF !
UF !
OH !
AH ! AH !
UH !
UH !
UH !
ON EST EN SUEUR !
OUAIS !
JE ME SENS D'HUMEUR À FAIRE UN TOUR À LA PISCINE.
AH ! AH !
OK ?
OK ?
TU VEUX QU'ON
RECOMMENCE À LA PISCINE ?
HA, HA, HA !

PROMETS-MOI…
… QU'IL Y AURA D'AUTRES FOIS.
TSSS …
NON MAIS, QU'EST-CE QU'ELLE CROIT ? QU'ELLE PEUT SE SERVIR COMME ÇA LUI CHANTE ?
IL FAUT LUI DONNER UNE LEÇON.
HI, HI, HI !
ON N'AURAIT PAS DÛ LA LAISSER AVEC NOTRE JOUET.
JE SUPPOSE QUE C'EST DE NOTRE FAUTE SI ELLE A JOUÉ AVEC.
C'EST UNE GRANDE FILLE, DE TOUTE FAÇON. LIBRE À ELLE SI ELLE VEUT FAIRE UN PEU D'EXPLORATION.
JE ME DEMANDE SI ELLE SAIT QU'ON A CACHÉ UNE CAMÉRA. REGARDONS CE QU'ELLE A FAIT.

BAH...
POURQUOI PERDRE NOTRE TEMPS ?
AH !
OUI, C'EST ELLE LA PLUS INTELLIGENTE DE LA FAMILLE.
BIEN, BIEN, BIEN ...

ÇA LUI APPRENDRA. ON NE PIQUE PAS LES JOUETS DES AUTRES LORSQU'ON NE SAIT PAS SE SERVIR DE SES MAINS.
HA HA HA HA HA HA
HA HA HA HA HA HA HA
FIN

ORISATO, EST-CE UE BELLE ST REVENUE ?
....
ÇA FAIT UN MOMENT QU'ELLE EST PARTIE MAINTENANT.
ÇA M'FAIT UNE BELLE JAMBE !
EH BEN, TU ES DE BONNE HUMEUR ENCORE.
TU VEUX DE L'AIDE, OU ALORS JUSTE PARLER ?
LÂCHE-MOI.
J'AI PRESQUE FINI, DE TOUTE FAÇON.
ELLE EST TRÈS EN RETARD, ÇA FAIT BIENTÔT TROIS HEURES.
ELLE EST PARTIE CHEZ LE PROFESSEUR, ÇA M'INQUIÈTE.
QUOI ? ELLE EST CHEZ LE DOCTEUR MORO ?
OH, MERDE !

IL NOUS TRAITE COMME DES ESCLAVES !
IL LA FAIT TRA-VAILLER COMME UNE BÊTE.
BELLE EST TROP SERVIABLE. ELLE FERAIT N'IMPORTE QUOI POUR LE PRO-FESSEUR.
EN PLUS, IL SAIT S'Y PRENDRE POUR DEMAN-DER GEN-TIMENT.

JE SUIS TON PROF.
ET TU ES MON ROBOT.
TU TE FOUS DE MOI ?
HÉ, CHIHIRO !
MON ROBOT SEXUEL.
PUISQUE TU AS FINI, VA DONC JETER UN ŒIL.
APRÈS TU POURRAS RENTRER.
JE FERME À CLÉ ?
OUI.
À BIENTÔT.
OK, À PLUS.
JE DÉCONNE, NE SOIS PAS SI SOUPE AU LAIT.
NE RIGOLE PAS AVEC ÇA, CE N'EST VRAIMENT PAS DRÔLE.
AH, VRAIMENT ?

PROFESSEUR, VOUS ÊTES LÀ ?
LES LUMIÈRES SONT ÉTEINTES, JE SUPPOSE QU'ILS SONT PARTIS.
JE VAIS JUSTE JETER UN ŒIL POUR M'ASSURER QU'IL N'Y A PLUS PERSONNE.
SONT-ILS EN TRAIN ...
... DE REGARDER UN PORNO ?
BELLE, ATTENDS
CONTENTE-TOI DE ME SUIVRE.
MON DIEU, JE SUIS SI TIMIDE !
JE VAIS TE FAIRE DU BIEN.

PAS ÇA, BELLE !
ÇA PUE PAR LÀ !
BELLE M'A APPELÉ POUR ME DIRE QU'ELLE RENTRAIT CHEZ ELLE.
ALLÔ ? MORISATO ?

QUELLE TÊTE DE COCHON !
ALLÔ... ALLÔ ?
OUAIS, SÛR..
PEUX ENTRER ET RENDRE SOIN 'ELLE.

EST-CE QUE JE SUCE BIEN ? VOUS VOULEZ QUE JE LÈCHE VOS COUILLES AUSSI ?

AH !

J'ADORE VOUS SUCER, PROFESSEUR.
IL A DES INFORMATIONS IMPORTANTES.
J'ARRÊTE, JE NE VEUX PAS QUE VOUS ÉJACULIEZ TOUT DE SUITE.
METTEZ VOS MAINS SUR MOI, PROFESSEUR.

ALLEZ, TOUCHEZ-MOI !
NON ! JE NE PEUX PAS.
UNE BONNE RÉPONSE ET VOUS GAGNEZ UNE BAISE DE RÊVE.
PARFAIT.
ALORS JE VAIS VOUS POSER DES QUESTIONS.
QUELLE EST LA PARTIE LA PLUS DODUE DE MES SEINS ?

EST-CE LA BONNE RÉPONSE ?
ÇA TE FAIT DU BIEN ?
OU BIEN EST-CE *ICI* ?
AAH !
COR-RECT.

PRENEZ ÇA. VOUS ALLEZ ADORER.
AVEC MA LANGUE ?

NE TOUCHE SURTOUT PAS SES LÈVRES EN LE PRENANT.
PRENEZ ÇA DANS MA BOUCHE.

MM !

OH !
ZUT ALORS ! IL EST TOMBÉ AVANT QUE VOUS NE PUISSIEZ L'ATTRAPER !
VOULEZ-VOUS ME RETIRER MA CHEMISE ?
HI, HI ! ÇA CHATOUILLE !

JE N'EN PEUX PLUS !
AH !
OH !
PUTAIN, ELLE EST BRUYAN-TE !

OH
UH !
ILS SONT MOELL !
POURQUOI N'ALLEZ-VOUS PAS LE CHERCHER AVEC VOTRE LANGUE ?
C'EST COINCÉ DEDANS.
MMM.
SLRP
AH !
ÇA TE PLAÎT ?
SLCH

HMM ?
JE NE LE TROUVE PAS !
BINGO !
JE NE CROIS PAS QUE JE DEVRAIS METTRE MES MAINS DANS TA CULOTTE.
ALORS RÉCUPÈRE-LE TOI-MÊME.
OÙ A-T-IL BIEN PU ALLER ?

C'EST ENFOUI TROP PRO-FONDÉMENT. IL N'Y A PAS LE CHOIX, VOUS DEVEZ ALLER LE CHERCHER.
NON, ÇA NE VA PAS !
NON CRO QUE VA DEV ÊTRE PEU P CRÉA
?!
JE PEU SANS DOUTE TOUCHE UN TOU PETIT PEU...
OOH !

OH, NON ! JE N'AI FAIT QUE LE REPOUSSER.
STOP ! OH, MON DIEU ! STOP !
OOH !
AH !
OH, CE QUE ÇA CHA-TOUILLE !
AHN !!!
MON DOIGT !

NE VOUS ARRÊTEZ PAS...
OH !...
REGARDEZ-MOI CES LÈVRES...
UTILISEZ CECI, S'IL VOUS PLAÎT...
VRAIMENT ?
OUI ...
C'EST...
... PARTI !
TU VEUX QUE JE TE LÈCHE POUR LE FAIRE SORTIR ?

SOYEZ DÉLICAT !
JE VAIS Y ALLER DOUCEMENT.
ARGH !
AH !
UH !
... MAIS JE N'ARRIVE PAS À LE FAIRE SORTIR.
SLP
SLRCH
SLRCH
JE CROIS QUE JE L'AI TROUVÉ ...

MAIS… HOULÀ, JE ME SENS UN PEU PATRAQUE.
JE LE TIENS ! IL EST BON !
ET JE CROIS QU COMMENC À FAIR EFFET.
CE N'ÉTAIT PAS LE BONBON, N'EST-CE PAS ? VOUS ÊTES TOMBÉ SUR L'APHRODISIAQUE…
J'AI DU MAL À ME CONCENTRER.
CE N'ÉTAIT PAS UNE SI BONNE IDÉE.
ON VA ENFIN POUVOIR S'AMUSER POUR DE BON !
ASSEYEZ-VOUS LÀ, D'ACCORD ?

PAUVRE MORISATO. JE ME SENS COUPABLE.
NOUS DEVRIONS ARRÊTER ÇA.
CERTAINEMENT PAS !
ESPÈCE D'ALLUMEUR.. VOUS M'AVEZ EXCITÉE, MAINTENANT IL S'AGIT D'ASSURER.
AHN !

COMMENT AI-JE PU LUI FAIRE CONFIANCE ?
ET DIRE QUE JE T'AIMAIS.
PLAF
AAH !

JE L'AI TROUVÉ !
C'EST PARFAIT... JUSTE ICI ! OUI !
TU ES SI HUMIDE !

SPLRT
PLAF
NE VOUS ARRÊTEZ PAS ! CONTINUEZ ! ENCORE !
PLAF

AAAAAAH !
OH !
BIEN-VENUE ... TU AS BIEN TRA-VAILLÉ ?
LE DOC-TEUR MORO AVAIT BESION D'UNE "ASSIS-TANTE".
EXCUSE-MOI D'ÊTRE PARTIE SI LONG-TEMPS.

TU ME PRENDS POUR UN CRÉTIN OU QUOI ?
TU NE VAUX PA MIEUX QU LES AUTR FILLES.
SALOPE. JE NE TE FERAI PLUS JAMAIS CONFIANCE.
LE PROFESSEUR PEUT CERTAINE-MENT S'OCCUPER DE TOI, ET VOUS POURREZ BAISER À LONGUEUR DE JOURNÉES.
ALORS SORT DE CHEZ MOI ET DE MA VIE.

FIN

CHUN-LI : LE FILM

OUI ...
JE M'APPELLE SHUNREI, ET JE VAIS ENFILER CE CHIFFON DANS MON CUL POUR VOUS EXCITER.
JE SAIS, MON-SIEUR.
ASSEYEZ VOUS, REGARDEZ LE SPECTACLE ET BRANLEZ-VOUS JUSQU'AU GRAND FINAL. VOUS DEVREZ ALORS TOUS M'ÉJACULER DESSUS.
PRÊTS ?...
OK... ALORS C'EST PARTI !

C'EST L'INSPECTEUR SHUNREI. CELA FAIT TROIS JOURS QU'ELLE A DISPARU.
QUELLE CRÉTINE.
BAH, CE N'EST PAS TRÈS IMPORTANT DE TOUTE FAÇON.
QU'EST-CE QU'ELLE FABRIQUE ICI ?
AH ?!
MOI NON PLUS !
OH, PUTAIN, JE N'EN PEUX PLUS !

TROP FACILE DE SE BRANLER AVEC ELLE !
MMM...
HÉ, MEC ! NE SOIS PAS ÉGOÏSTE, LAISSE-MOI EN PROFITER AUSSI !
BEN TU N'AS QU'À TE SERVIR... TU AS SON CUL.
AAAAAH ! ♥

SI TU N'ARRÊTES PAS DE POUSSER AUSSI FORT...
... TU VAS M'EXPLOSER LE DERRIÈRE !
OH, MON DIEU ! JE VAIS AVOIR UN ORGASME !
OH !
OUI !
HÉ ! NE JOUIS PAS DEVANT MOI, SALE ÉGOÏSTE !

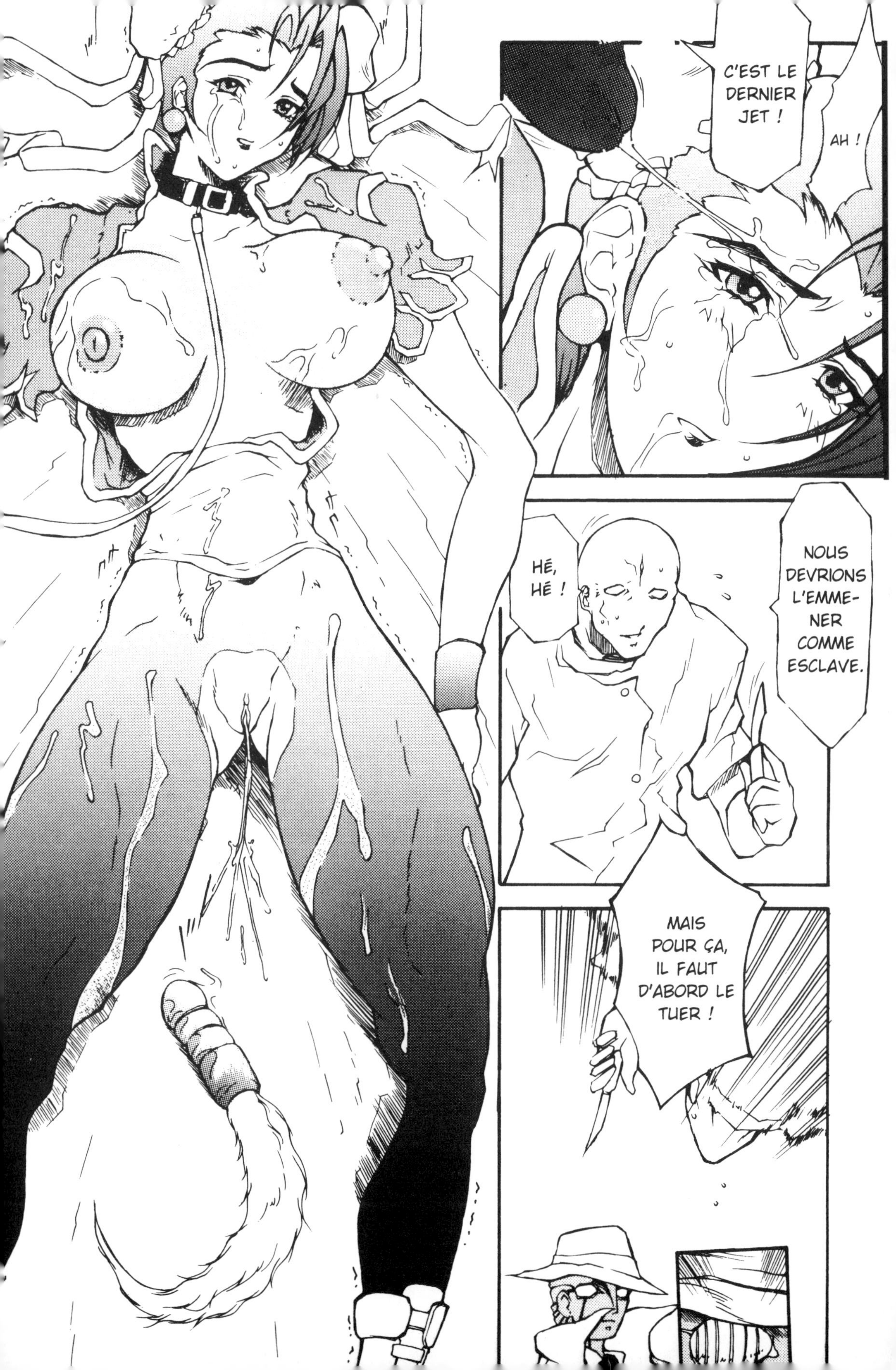
AH !
C'EST LE DERNIER JET !
NOUS DEVRIONS L'EMMENER COMME ESCLAVE.
HÉ, HÉ !
MAIS POUR ÇA, IL FAUT D'ABORD LE TUER !

UH...
OH !

?! ...
AU FAIT, C'ÉTAIT ANESTH-
SIANT
J'ÉTAIS BOUR-RÉ.
MAIS ÇA VA MIEUX.

CE SPERME A UN DRÔLE DE GOÛT.
JE ME SENS BIZAR-RE...
L'O-DEUR EST DÉGUEU.
MAIS JE N'AR-RIVE PAS À LA LÂCHER
SPLRT
AH !

OH, MON DIEU !!!
JE VAIS ...
JOUIIII !!!

L'INSPECTEUR SHUNREI FAIT UN FILM !
EST LE
M SUR
UEL JE
VAILLE.
SERAI
SENTE
SQU'À
SORTIE.
TU ES DONC...
BIEN SÛR.
JE SUIS TOUJOURS VOTRE ESCLAVE.
FIN

OUPS. JE N'EN REVIENS PAS QUE VOUS M'AILLIEZ TROUVÉE.
ALORS, COMMENT OCCUPEZ-VOUS VOS NUITS, PRINCESSE ?
JE N'ARRIVAIS PAS À DORMIR. JE SUIS SORTIE ÉCOUTER LE VENT NOCTURNE.
VOUS POUVEZ RESTER JUSQU'À CE QUE JE RETOURNE ME COUCHER.

VOUS EVRIEZ SSER LA IIT AVEC OI. NOUS URRONS NOUS MUSER.
QUE DITES-VOUS DE ÇA ?
JE CROIS QUE JE VAIS RETIRER MES VÊTEMENTS.
JE ME SENS TELLEMENT BIEN AVEC VOUS TOUS AUTOUR DE MOI.

...
CE N'EST PAS TOUT LES JOURS QUE VOUS VOYEZ VOTRE PRINCESSE NUE.
ALOR SU JE VOT GOÛ
JE SUIS CERTAINE QUE JE VOUS FAIT DE L'EFFET.
ÊTES-VOUS SÛRE QUE C'EST CE QUE VOUS VOULEZ ? JE SUIS PRÊT À LE FAIRE SI C'EST LE CAS.

TOUT LE MONDE EST PRÊT ?
À VOTRE AVIS ?
OH !
AH !
VOUS SAVEZ VOUS Y RENDRE UR NOUS ENTER !

MAIS J'ATTENDS DEPUIS SI LONGTEMPS
AH !
ATTENDEZ, JE NE PEUX PAS VOUS PRENDRE TOUS EN MÊME TEMPS !
VOUS AVEZ DE SACRÉES GAMBETTES
AH !
AH !
AH !

VRAIMENT ? ÇA NE VOUS DÉRANGE PAS SI JE VOUS ÉCLABOUSSE ?
ACCORD, SONS-LE OUS EN MÊME TEMPS ALORS.
UH !
WOW ! C'EST ÉNORME !
OH !

HA, HA, HA ! VOUS AVEZ BEAUCOUP DE SPERME
OH, OUI ! ...
ET IL EST ÉPAIS ! ÇA VOUS PLAÎT ? ...

DONNEZ-MOI DU PLAISIR !
OH, MAIS CE N'ÉTAIT QU'UN AVANT-GOÛT. PRÊTS POUR LA SUITE ?

VOUS POUVEZ M'ENFILER ...
OH !
OH ! OH ! OH !

OH, NON !
ON ! AS SI FOND !
JE NE SUIS PAS ENCORE PRÊTE POUR ÇA !
MAIS VOUS AVEZ DIT QUE TOUT LE MONDE JOUIRAIT !

VOU AIME ÇA ?
TAIS-TOI !
OUAIS !
PLAF !
ÇA SERA PLUS DRÔLE SI VOUS LA FERMEZ ET NOUS LAISSEZ JUSTE FAIRE.
NON ! JE VEUX QUE VOU ÉJACULIE TOUS EN MÊME TEMPS !
OUI, C'EST GÉNIAL ! JE SUIS PRÊT À JOUIR !

AH ! J'AI UN ORGASME !!!
LA VACHE !
UAIS ! NOUS ALLONS TOUS JOUIR !

AH !
OH !

C'EST LA PREMIÈRE FOIS QUE JE FAIS QUELQUE CHOSE OMME ÇA.
VEUILLEZ NOUS EXCUSER SI NOUS VOUS AVONS FAIT MAL ...
MAIS JE N'AI TOUJOURS PAS ENVIE DE DORMIR !

FIN ?...

Imprimé en Belgique